SEA OF POET

— Life is Beautiful Peoples —

시인의 바다

2022

육필시집

시인의 바다 | 제20집 |

한국바다문인협회

곽정순 김복녀 김영태 김옥영 김용욱 남여울 방혜숙 안강로 양영택
연용옥 염기식 염은미 이근복 이상호 이정석 이정선 허문규

도서출판 천우

| 발간사 |

길

누군가가 밟고서 지나가지 않으면
길이 될 수 없습니다
그 길 또한
후세의 발길이 끊임없이 이어질 때
잘 닦여진 길로 남게 됩니다
발길이 뜸해지면
쉬이 자란 잡초에 길이 묻히고
세월의 파편에도 지워지기 일쑤입니다
길을 내는 것보다도
길이 지워지는 것이 훨씬 쉬운 일입니다

우리는 오늘
낯설지만 새로운 길을 놓고 있습니다
나를 가장 닮은 詩 몇 편을 골라서
흔들리는 펜 끝으로 마음을 그려냈습니다
먹을 갈아 화선지에 일필휘지하는
멋스러움은 없을지라도
몽당연필을 꼭 쥐고 또박또박 글씨를 그리던
고사리손의 떨림을 추억했습니다
누군가는 돋보기를 찾았고
누군가는 손가락에 쥐가 나기도 했을

心筆(심필)로 채워진 肉筆原稿(육필원고)들은
터치 문화에 밀린 아날로그 세대인 우리들에게는
최고의 명필 · 명품 시집이 될 것입니다

새들은 하늘의 길을 알기에
더 높이 더 멀리 날 수 있다고 합니다
우리가 시를 쓰고 낭송을 하고
시집을 펴내고 하는 일련의 일들은
누군가에게는 길이 될 것입니다
금일아행적 수작후인정
今日我行跡 遂作後人程 (임연 이양연)
이렇듯 우리의 새로운 도전과 담대한 여정은
도도한 물길이 되어 바다로 향할 것입니다

끝으로
제20호 육필시집에 함께하신
배문석, 양영택 두 고문님을 비롯한
한국바다문인협회 회원님들께
존경의 갈채를 보냅니다

육필시집을 펴내며

한국바다문인협회 회장 **안 강 로**

제19집
끈
이
어
지
다

라온제나
Raongena

| 차례 |

배 문 석

- 초 대 시 -

(사)국제PEN 한국본부 이사
계간문예 작가회 자문위원
한국문학신문 편집위원
(사)영등포예술인총연합회 수석 부이사장
(사)남촌문학예술포럼 부이사장
인문정보화위원회 위원장
한국문인협회 영등포지부 고문
(사)한국통일문학회 이사
(사)문학과학통섭도럼 상임대표

시집 『황조롱이 날개위에 올라』『바람 위의 집』
『그 물감에 얼비치는 낯 설움』『격렬 비열도 날거 달다』 외 2권

칼럼선집 『인간의 사회적 통섭 조건』『침묵, 그 깊은 혀의 반란』
『공감과 이해 한 뼘 안의 사색』

수상
경북일보 문학대전(제1회)수상
대한민국시인상 금상 수상
제2회 황토현시 문학공모전 입상
해양문학상(제8회) 수상
2022 코로나19 예술로기록 선정 작가

물결처럼

배문석

결을 짓는 주재는 바늘이다
찬란한 속도를 갑옷처럼 입고
날쌔게 비껴가는 운율이다

기억을 풀면 흘러갔던 편린이 그렇듯
결마다 맺고 푼 시간들은 얼마인가?

사금파리 위로 부서지는 햇살을 이고
바다는 그 첫머리부터 밤새
속울음으로 울렁거리고

부드럽거나 사납거나 지나온 길은 언제나
모천 쪽으로 거슬러가는 물이다

그 물결 위로 나는
무심히 홀로 흘러가는 것이리

손깍지

배문석

콩깍지에 불이 번지면
마주 낀 손에는 바람이 인다
풀지 않겠다는 불씨 담은 속삭임 같은
펄펄 끓는 두손은 강이 된다
순결의 강물이 흐른다

때로는 불 꺼진 창처럼
끼였던 손이 모래알로 흩어지면
강물도 그쪽 손에서는 흔들린다
그것은 청춘의 감전이다

서슬 퍼른 바람도
떨어진 손끝에서는 불이 꺼지고
매듭 푼 강물은 얼음으로 닫히고 말뿐
깍지 낀 그날의 봄이었다.

시작 노트

코로나19로 인해 삶의 제약을 온전히 받아들이며
피폐해진 사회 전반에 안타까운 사건 사고가
매일 뉴스로 접하게 된다.
나이가 들며 하나씩 고쳐가며 살아야 한다지만
나이 듦은 성숙한 정신을 유지하는
부단한 노력이 뒷받침되어야 한다.

곽 정 순

『현대문학』 사조 · 수필 등단
한국바다문인협회 회원
현) 수지문학회 사무국장
『내 허락없인 아프지도마』 외 동인지 다수 출간

전원풍경

桂巒 곽정순

넘치는 활기 누구의 웃음이요
앙증맞은 작은 들꽃
쭈그리고 보아도 좋아
저기 재롱 부리는 작은 몸짓
자유로운 나래짓
귀를 열어 고운 소리
하늘 보며 들어도 좋아

푸른 산이 생기 얻어
아침 이슬 영롱한데
마음이 화답하여 힘얻어 달리는 걸
ㄴ이슬대며 종일 땀에 젖어도

어제와 다른 오늘
여유로운 삶이 유월에 서 있네

당신 양말

桂馨 곽정순

하루 종일 당신 발에 붙어
공기도 통하지 않는 곳에서
고된 하루의 땀이 독하게 배인 채로
꼼짝없이 견뎌 내는
감수해야 할 숙명이다

물 먹은 시래기 마냥 널브러져
허물 벗은 한가닥 혼의 조각
맑은 물로 씻어 내며
땀내를 짜고 털어
아내의 살뜰한 하루가 다정하여
밝은 햇살 푸른 날
빨랫줄에 널린 두개의 양말이
일광욕을 한다

고택 나들이

権[illegible] 곽정순

느린 삶이 가져다준 여유로 차분한
일상으로 돌아와 발아래 작은 꽃을
보고 관심을 가지면 모두가 예쁘다
예쁘다 웃으니 마음이 크게 열렸다
바쁘게 살다가 되돌아볼 기회가 사
라지면서 폭삭 늙어버린 병든 모양
새가 자신감을 잃고 인생은 허무해
진다
　종가댁 풍경을 감상하며 옛
삶을 살던 일상을 회상했다 고목이
된 향나무는 나이 들면서 뒤틀리고
백화된 줄기로 세월은 함께 했을
터인데 담채의 뜰을 가꾸던 터줏대
감의 흔적은 옛 그림자로 남아 적
막을 더한다 고택의 정원엔 해거름
마다 새순이 돋고 꽃들이 다투

어피는 사월의 한낮 산나물 한 바구니 옆에 끼고 이제나 저제나 오시려나 단아한 삶이 묻어나는 고가는 위엄을 간직한 향취가 있다 마당에 서면 싸리비 치걱치걱 땅 고르는 빗자루질 소리 가득하고 디디돌 위에 서면 마음도 소박해 진미다 툇마루에 덩그러니 나무 다듬이, 옆에 가지런한 방망이가 여인의 손에서 춤을 추면 소리가 신음을 울린다 소나무는 허리가 휘어 높고 배롱꽃나무에 앉아 지저귀는 새들의 노래에 정취는 끝이 없다 부단히 넘나 들던 부엌의 문지방은 낡아가고 뒷마당 장독대 옆 청매실 열매가 싱그럽고 항아리 속 소금물에 메주덩이 쪽배 뜬듯 붉은고추 검은 숯이 농익어 간다

시작노트

가끔 유년의 뜰이 생각납니다

순수했던 꿈이 주렁주렁

"시를 쓰고 싶다"

올해의 시는 소소하지만 감사한 일로 채웠습니다

기도해 주시고 응원해 주시는 모든 분께 감사드립니다

김 복 녀

월간 『문학세계』 시 · 수필 등단
(사)한국문인협회 회원
한국바다문인협회 회원
시의전당문인협회 회원
정형시조 『미』 회원
공저 『끈, 이어지다』(시인의 바다 제19집) 외 7권

돌아보다

외 3편 김복녀

내 60여 년의 시간이 숨 고를 틈 없이 지나갔다
아이들 키우는 일에 열중했고
크고 작은 일에 몰두했다
어느 세월에 컸는지 내 나이 잊는 것처럼
아이들의 나이도 가끔 잊는다

무엇을 이루었을까
이조차 욕심이라 생각되면
무상무념으로 돌아가려 한다
채워지는 욕심이
용광로처럼 활활 타오르기 전
내려놓고 비워두기로 한다

삶의 현장 속으로 들어간다
내 발로 걸을 수 있고
사랑하는 이들과 함께 할 수 있기에
살아가는 모든 과정은 축복이다
척박한 삶이라고 생각했던 날들이
행복이었고 보석 같은 나날이었다

내 딸 하늘이

네가 내 삶 속으로 들어왔을 때
이미 난 모든 것을 가졌다
세상 어느 것도 부럽지 않을 만큼
너는 어린 나이에도
엄마의 손이 필요치 않을 정도로
제 몫을 몇 배 이상 해내던 야무지던 딸

성장과정을 보는 것은
엄마의 특별한 행복이고 즐거움
넌 내게 햇살같은 생명줄이었다
나의 눈물과 아픔에 위로가 되어주고
멋진 한휘섭을 만나 새 가정 이루는
네 모습이 사랑스럽고 자랑스럽다
내 생애 최대 수혜인 보석 같은 선물인
널 마음껏 축복하고 축복한다

고맙다
소중한 인연으로 내게 와줘서
너와 함께 했던 많은 시간 행복했다

2022. 6. 25 엄마 김복녀

건강한 청년 휘섭

십몇 년 전 하늘이의 대학 졸업식
졸업생과 수백명의 축하객 중
가장 빛이나 내눈에 띄던 한사람
느낌이 왔어 하늘이의 남친일 것을

깨끗한 외모와 넉넉한 품
어딜 봐도 멋진 사람 그때 알았지
내 딸과 가족이 되리라는 것을

사랑을 하면서 행복해하는 웃음 속에
십여 년이 지난 지금
여전히 멋진 청년 휘섭과 예쁜 하늘이
"결혼을 축하한다."

오랜 시간 함께 했던 사랑의 시간을
"아름답게 만들어 가길 축복해."
건강과 행복 힘차고 웃음 넘치는
즐거운 가정 만들어 나가길 기원한다

축복하면서 2022. 6. 25

김복녀

11월에 쓰는 편지

우표를 샀습니다 한 장에 430원
예전 우표와는 사뭇 다르지만
난 40여 년 만에 편지를 써서
빨간 우체통에 넣었습니다
한 자 한 자 정성을 다해 썼을
아가씨 시절이 그리웠습니다
그땐 편지도 많이 썼지요

오랜만에 써보는 편지
따뜻한 마음이 저 멀리서부터
다가오는 듯 합니다
금방 전해지는 카톡이나 문자보다
더 정감이 갔습니다

새록새록 생겨나는 친구와의 편지놀이
이제 다시 시작해 봐야겠습니다

2021. 11월에

김 복녀

시작노트

시간 속에 묻혀가는 덧없는 삶

그 안에 흩어졌던 향기를 모아모아 작은 흔적을 남겨야겠다

남들이 거들떠 보지 않아도 나만의 향기를 누군가에게 전하고 싶어...

石蒜

김 영 태

서울 출생, 경기도 평택시 거주

행시조 전국 백일장 국회의원 표창 수상(2016년 12월)

행시조 전국 백일장 국회의원 표창 수상(2018년 03월)

계간 『한행문학』 정회원

한국바다문인협회 회원

한국문학 대표시선-4 시 발표

공저 『고운글 문학』(1~4호)

『시인의 바다』 외 다수

능 소 화

그리워 여울지는
가슴 한편엔

오려나 기다려도
는개 내리고

하 얗게 지새운 밤
소쩍새 우니

여명을 지워가며
돌아눕는다

그리움 하나

어둠이 새벽으로
흐려져 가면
나만의
그리움을 어쩌지 못해

흩어진 기억속에
꽃잎을 주워
그 향기 그 이슬로
적셔놓고서
또 다른
하룻길을 시작해야지

빛 바랜 옷도리에
아침 맞으며…

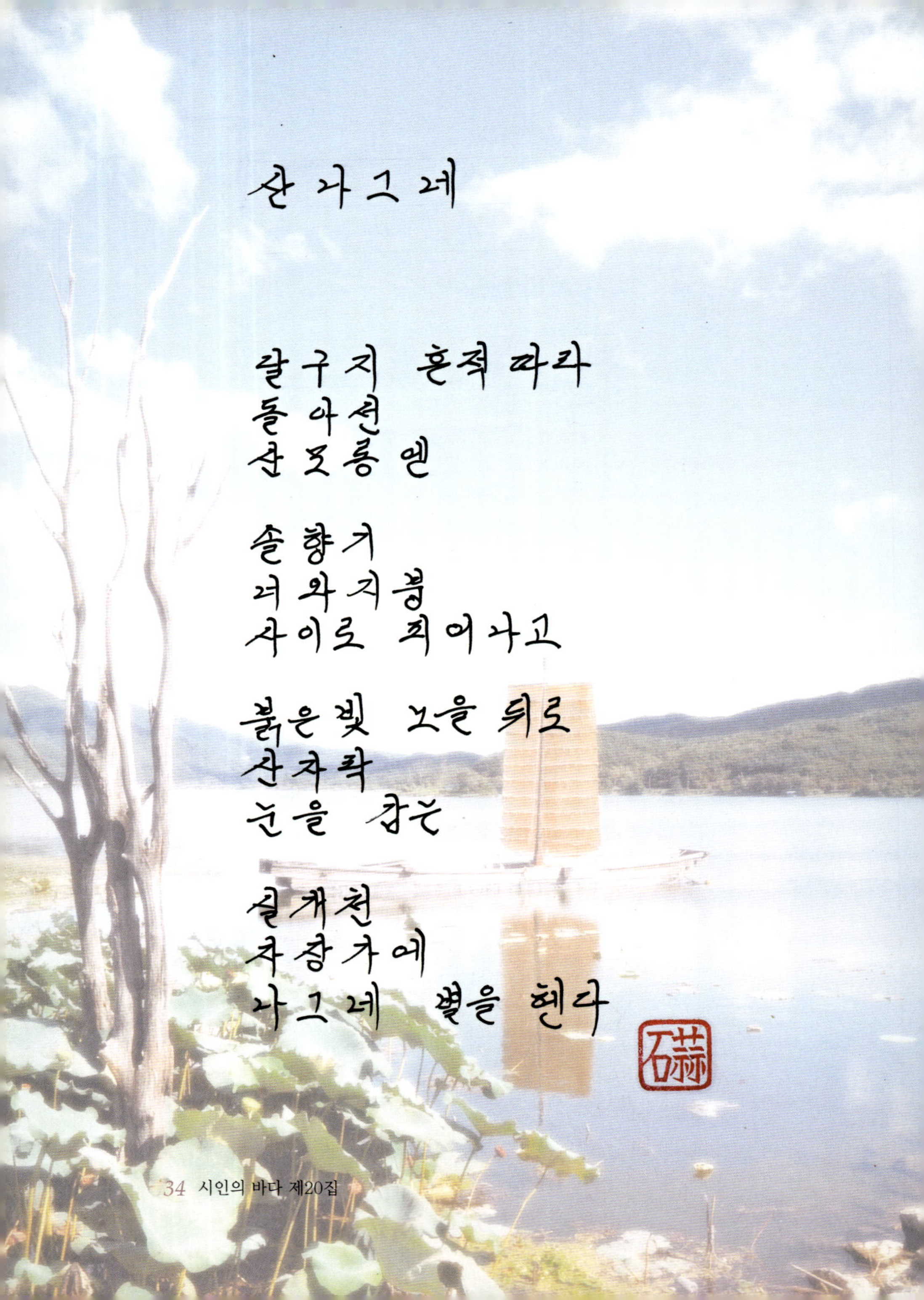

산나그네

갈구지 흔적따라
돌아선
산모롱엔

솔향기
너와지붕
사이로 피어나고

붉은빛 노을 뒤로
산자락
눈을 감는

실개천
자장가에
나그네 별을 헨다

無名

새하얀 서리꽃을
품에 품고서
아침이 저리 곱게
또 피어 남에
새벽을 토해내며
기다림 해도
어떻게 하지 못한
마른 시간들
삐딱한 창틀 사이
비집은 햇살
시리게 반짝이는
너를 주워서
살며시
가슴위에 얹어 놓는다

여기는 어디이고
어디쯤인가...

시작노트

시, 너로 인해 알게 되었다

빛나는 눈빛

마주 잡는 손

조잘조잘거리는 입

발걸음의 경쾌함마저도

김 옥 영

충남 천안 출생, 경기도 오산시 거주

한국바다문인협 회원

문학의 숲 회원

동인지 『망초꽃 사랑놀이』

『끈, 이어지다』

『시인의 밥상』

『시인의 동행』

『시인의 만찬』

『시인의 언덕』

사랑 1

김 옥 영

흐르는 물을 무엇으로 막을 수 있을까

막아도 막아도 더 큰물이 되어 흐르게 되는 걸

사랑2

김옥영

누군가를 안고 싶을 때
누군가를 안고 있을 때

자기 자신을 안고 싶고
자기 자신을 안고 있는 것인지도

사랑 3

김 옥 영

태초에 정혼한 나무와 태양
연인의 모습으로 닮아간다
나를 비우고 비워
님의 빛으로 채워 하나가 되는 순간
자기를 잃어버린 대가를 치른다

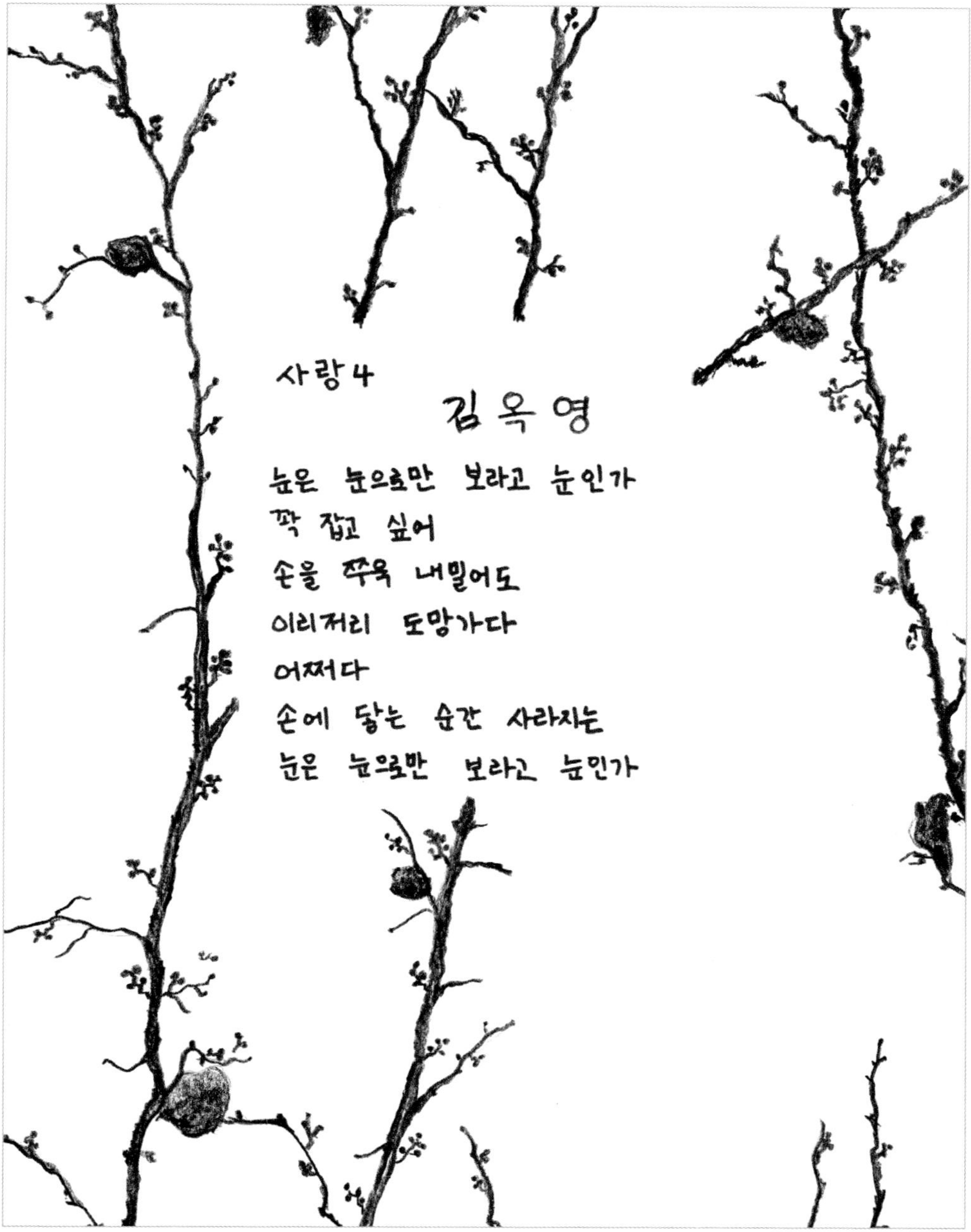

사랑 4

김옥영

눈은 눈으로만 보라고 눈인가
꽉 잡고 싶어
손을 쭈욱 내밀어도
이리저리 도망가다
어쩌다
손에 닿는 순간 사라지는
눈은 눈으로만 보라고 눈인가

시작 노트

정답 없는 길
걸음마다 소원한다

글을 통한 답이라도
얻게 해 달라고.

김 용 욱

한국문인협회 회원

한국바다문인협회 회원

질문

김용옥

짓고 산다는 것은 물음표다
하며 늘 나에게 묻는다.

고민해 봤어?

김용욱

단풍 지면
멋지게 떨어질 모습
고민 하며 사는 가.

물어 봤어?

김용욱

늘어가는 나이테에게
어떻게 살아왔느냐
물어 본 적 있는가.

간격

김용욱

우리 사이 큰 강
오늘도 노 젓는다.

시작노트

하늘을 들으려

작은 사발에 두서없이

채워진 삶을 내려 놓습니다.

남여울

월간 『문학세계』 등단

한국문인협회 회원

시인의 바다 카페지기

한국바다문인협회 부회장

공저 『끈, 이어지다』 외 다수

기생란

남여울

불면의 밤
뼛 속으로
뜨신 달이 들어오고

여기 체액을 섞어
허공에 환장할 그림을
그리는 것

유난히 암내도 많은
주인 없는 꽃

억 새

남 여 울

앓는 숲
잉태의 기쁨 보다는
출산의 설레임으로
다가선 숲

태깔스럽다

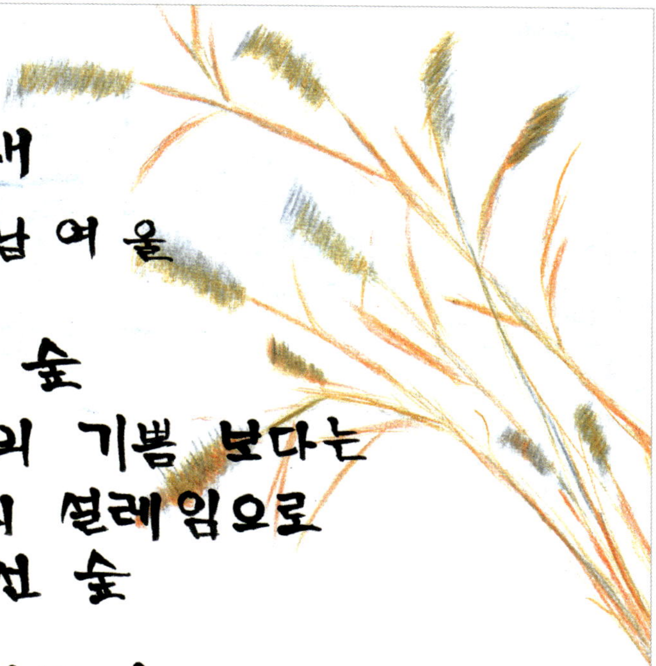

봄날은 간다

남여울

세우(細雨)에도
미모사처럼
나를 접었다

담을 넘어오는
네 높은 키 아래서
시시때때로
나는 그늘졌다

독(獨)

남여울

무엇이 홀로 있게 하느냐
무상무념 길 잡혀
없는 마음 찾으라느냐

발 없고 눈 없는 마음
에이 오라고
거기 뉘 있어 홀로 섰느냐
백발은 지름길로 오는데

시작노트

몸과 마음이 따로 놀던
육필시집
해야되는 건 마음
안되는 건 몸이었다
가장 힘든 일을 해냈을 때에
느끼는 최상의 뿌듯함
이번 20집 육필시집이 그렇지
않은가 생각한다

죽어라 울어대는 매미소리도
오늘만은 시끄럽지 않다
당분간 홀가분한 기분으로
꽤나 편안한 시간을 보낼듯 싶다

방 혜 숙

한국바다문인협회 회원
백제문학문인협회 대전지회장
대전시마을문인협회 감사
윤동주시낭송협회 회원
공저 『끈, 이어지다』 외 다수

모란이 오던 날

강 혜 숙

느낌이 아린
온몸으로
붉게 태운 몸부림
바람결에 숨어
한 날을 접했구나

온몸을 흡혀
너를 애타게 찾았지
뜨겁게 타는 두근거림
부드러운 속살에
입맞춤 허락 하소서

오매불망
모란이 다시 붉게 오던 날
찬란한 기품의 풍려 장꽃
우리와 영화를 만나는 시간
온 동네 흥을 토하고 웃었다

인생 2막

방혜숙

어려워 이별값을
치르고 나온 아침
막막한 어둠의 시간이
두려움의 위협을 가하고 있어
다가올 차가운 시간
세상에서 하루가
영원한 시간임을 의논하며
마음의 닻을 조용히 내린다
가장 짧은 오늘이라는 단어가
가난한 현실로 다가왔다
눈물로 닮은 강물이 지나간
오월 어느 한 날

다시, 인생 2막
남은 시간 뜨겁게 살아야 할 이유
기다림의 그날이 있기 때문이오
하루를 영원처럼 살 수 있기 때문이다

그 해, 금오산은

방혜숙

새벽 미명에 도착했던
금오산 자락
가슴은 설렘으로
천년 시간을 맞는 순간이다

역사 속에서
추억을 담은 실체가
현재 찰라로 살고 있다
경험속에서
가슴은 희망을 점령당하며
역사를 가슴으로 있다

해를 품은 금오산
저수지 물에 담긴 청춘의 꿈
하늘로 비상했던 아련한 졸음이
아직도 거기서 그대로 숨을 고른다

한강의 밤

방 혜 숙

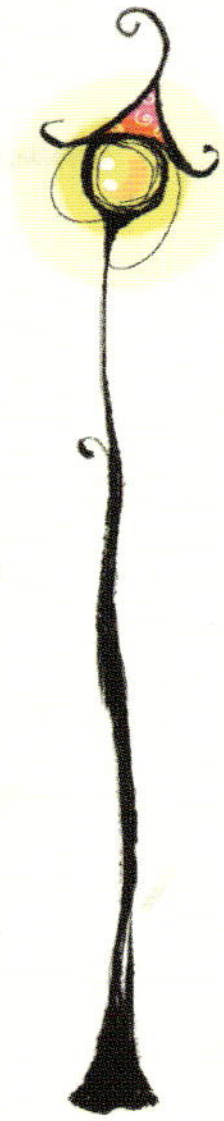

어두운 터널을 지나서
맞이한 한강의 밤
찬란한 불빛들이
뜨거운 가슴으로 스미며
할말의 기쁨을 마음껏 선물한다
한 허리에서 나온 두 녀석
세상을 향해 꿈을 키우며
벌써 어른이 되어 왔구나

가족이란 사랑의 줄로 엮이어
하나라는 신앙으로 황홀하구나
한강에 솟은 태양
우리의 둥지처럼 영원하여라
먼 훗날 하룻밤의 한강물이
그리움이란 세 글자로
가슴 한편에서 같이 살고 있으리

시작노트

지금쯤은

나를 부숴버릴

버림의 칼날을

쥐어도 좋으련만

바람은 늘 지나쳐서

욕심이 되고 만다

하나 더

염치 불고하고

육필시를 내놓는다

내 필체에 있어

오늘이

마지막 명필이기에

안 강 로

충남 청양 출생
월간 『문학세계』 등단
한국바다문인협회 회장
대전 탄방동에서 직화구이 연탄집 운영
공저 『끈 이어지다』 외 다수

연 탄 불

醉谷 안강로

오늘
당신 앞에
빨간 속 내보이며
좋아라
미쳐서 죽습니다

밤새
춤을 추다
백발이 될지언정
놀음을
멈출 수 없습니다

운명입니다

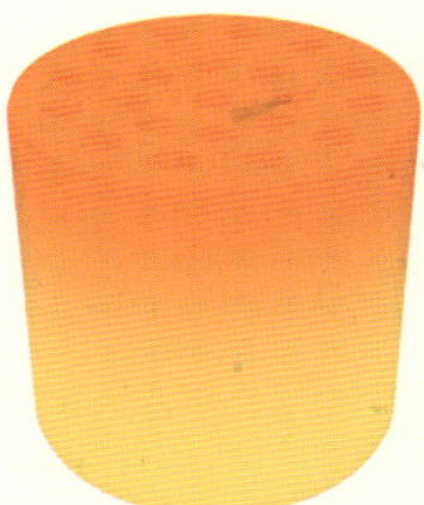

봄동

[illegible] 안강로

봄이
그리워서
겨울에 피는 꽃, 봄동
하얀 밤
달빛에 노닐다가
가슴에 망울진 노른 꽃

언 자리에
납작 엎드려
오므리지도 못하고
된 바람에
뽀얀 속살로 피어나는
달달한 꽃, 봄동

그는
사랑을 하는 꽃이다

구 름

[illegible] 안강로

모이면
비가 되고
흩어지면
하늘이 되는

내 삶도
구름을 닮아
살아서 비가 되고
죽어서 하늘이기를.

청령포 傳說

詩翁 안강로

님은 어드메뇨
날 선 벼랑 위에
촛불 하나 밝혔거늘
뉘 발목을 옥죄려
청령포를 휘감아 도느냐

님은 어드메뇨
뜬 눈 그대로
관음송은 말이 없고
강 건너온 나루터엔
꿈 속의 님 또한 없더라

옛물은 어디가고
뜬걸음만 이리저리
몽돌 하나를 줍지 못하네

시작노트

빗소리의 재촉으로

겨우 쥔 펜은

여전히 비틀거리고

마른 수건 쥐어짜듯

헛손질만 바쁘다

펜과 나

어설프게 눈맞춤하고

각자 돌아누웠다

매몰차게…

그새

다시 벗은 하늘.

양 영 택

한국바다문인협회 회원
공저 『끈, 이어지다』 외 다수

남당항 에서

양영택

조개들
저마다 자랑 바쁠 때
새조개
말없이 훨훨 날았다
갯내음 타고.

세 여인

양영택

그녀에겐
세 여인이 살고 있어

살가운 어머니
사나래 나의누님
그리고

해쳐는
수탉 마누라.

너만 울어라

양성택

야호, 야호
저기
산마루 올라는
수컷의 포효
분명
두발 걸음
맹수가 사는 게야

산새야
산에 살랑
너만 울어라.

그 다방에서

양영택

너를
기다리다 지쳐
홀로 마신 커피는
너무도 썼고

두근두근
방망이질 멎은 자리엔
모가지가 부러져 죽은
성냥개비들만이
널브러졌다

바람맞은 날.

시작노트

공저시집 제 20집 참으로 긴 여정이다

스치고 지난 많은 인연들이 여전히 그립다

수많은 난관을 헤치고 이어온 「시인의 바다」

밀려올 파도에 맞서 당당하게 정신적 지주로

영원하기를 기원합니다.

연 용 옥

강원 영월 거주

『한맥문학』 등단(2004년도)

한국문인협회 회원

한국바다문인협회 회원(2대회장 역임)

공저 『사치스러운 사색』 外 다수

만약에

연용옥

세상이 이랬으면

누군가 떠날때
잡아두고 싶은 그리운
마음 가득한 이 많았으면

스치운 어떤 인연이
또 봐 하며 여운 남기는
그런 이 많았으면

아낌없이 주고 또 주며
미안한 양심을 깨워주는
그런 이 많았으면

그런 세상이면
나,
살아봄직 하리니.

별 하나 기억하기

연 용옥

세상에 태어나서
떠나는 날까지
아름다운 삶이라는 것

돋보기 들이대고 꽃 보며
까만밤 별 바라보다
좋아하는 음악 듣고

꽃반지 하나 만들어
어머니께 끼워주던 추억
미치게 그립다가도 금세 잊는다

세월은 그렇게
아름다운 기억 하나
되새김하며 가는 것을.

경마장 옆에서

연용옥

망설임 없는 말(馬) 있었다
무심하게도
거침없이 앞만 보고 달린다

좌우 살필 여유도 없이
그저 앞선 말을 쫓아
삶을 태운다

늙어 무거워진 육체
무작정 달리고 달려
공제선 넘어 신천지로

그곳 여전히 익숙치 않은 길
바닥 보이는 힘을 태우며
후회 없이 그렇게 길을 간다.

가을 어느 날

연용옥

파란 하늘이 상큼하다
무엇이 이만큼 맛날까
눈으로 먹은 이런 포만

살찌우는 가을
바람은 참 고소하다
자연은 왜 내게 이런 맛을

시월 하얀 어느 날
감사하지 않을 수 없다
언젠가 나 오늘 같은 날 오길

푸른 듯 하얀 구름
혀로 녹일 달콤한 솜사탕
하늘을 날아보고 싶다 훨훨.

시작노트

흐르는 세월을 잡을 수 없기에
끄적끄적 흔적을 남긴다
먼 훗날 흐려진 기억을 더듬으며
회상하다
비질하는 그리움에
가슴 앓이 할 것을 알면서
오늘도 시간이란 여백의 종이위에
또 그렇게 흔적을 남긴다

염 기 식

충남논산 은진 성덕 출생
『한국다온문예』 등단
문학애작가협회 회원
한국바다문인협회 회원
공저 『바람이 분다』
『끈, 이어지다』 외 다수

이 가을엔

향심 염 기 수

비취 빛 하늘이 너무 고와
상상의 새나래를 펼쳐본다
어디로 가야하나

여기저기 속살거리는 가을 연가에
상흔에 지친 고독한 가슴에도
진한 그리움이 젖어든다

이 가을엔
모두 잊고 하늘을 닮자
모두 비우고 코스모스의 가녀린 떨림을 닮자

때가 되면 떠날 줄 알고
버릴 줄 아는 자연의 섭리를 닮자

선선한 바람에 묻어 오는
시린 그리움이 버거워
이 가을에 나는 고독한 방랑자가 된다

낮아지리

향심 염 기 식

기세 등등 높은 척
발을 추켜올려 보았지만
모두 헛수고다

그냥 쓰러졌다
큰 대자로 누워서 하늘을 보았다
생에 가장 높은 하늘이다

낮아지니 가장 높은 하늘이 보이고
흰 구름이 유유자적 하는
천혜의 세상이 새삼스레 펼쳐졌다

이것이 삶이라고
하늘과 땅은 쉼 없이 일깨우는데

흔적이었다

함섭 엽 기 석

구월이 오는 길목에
살살이꽃 하늘거리면
세월 먹은 회한의 가슴에
진한 그리움이 드리운다

선선함이 묻어 오는 바람이 서툰 듯
쇠잔해지는 매미소리
긴 인고의 기다림이 허무한 듯
침묵으로 반항한다

너도 나도 우리 모두
세월이 가는 길목에 잠시 서성이던
빛 바랜 흔적이었다

태우자 태우자

향설 염기식

태우자 태우자
오늘을 아름답게 태우자

기쁨도 태우고 노여움도 태우고
슬픔도 태우고 즐거움도 태우고
희로애락을 모두 태워
행복을 만들자

너와 나를 태워서 우리를 만들고

우리를 온전히 태워서

천상 낙원을 만들어보자

시작노트

나와 시

나에게 시는
먼 기억의 길을 나선
천개의 심장에 옷을 입혀
매번 완벽하진 않아도
저마다의 색을 지닌 진짜의 모습
식혀진 온기에
솔솔 정신 들면
어떤 마음이 들어와
스스로에게 말을 걸어
꽃을 보고 내가 웃듯이
마음의 무게를 가라앉히는 그런 것

바다 문협 동인지는
나에게 매년 첫사랑으로 다가온다
특별히 20호는 더욱 설레는 이유는 무엇일까
아마도 우리의 필체에
혼을 담았기 때문이 아닐지.

염 은 미

인천 출생
『다온문예』 등단
현) 한국바다문인협회 사무국장
공저 『꽃이 진다구요』
『끈, 이어지다』 외 다수

하얀엽서

염은미

오월을 한달음 달려와
꽃이 피는 좋은 날
뒷산에 지천으로 핀 하얀 찔레꽃
꿈결인 듯
하얗게 서리 앉은 머리 위로
80년의 사연이 쌓인다
미처 전하지 못한 연서를 쓰다가
바람 든 가슴으로 지새운 하얀 밤
저만치 먼 길 돌아
전하지 못한 한 자락
하얗게 애타는 안부를 묻지만
해마다 답장은 당신의 숙제
눈 뜨면 안 보이고
눈을 감으면 보이는 하얀 꽃
아련하게 웃으시는 어머니는 바람결 따라
찔레꽃 우윳빛 향기로 사연을 피어나고
오월이면 또다시 재회의 길을 소롯이 걷는다.

장마
햇살이 사라진 칠월의 한나절
빛이 빛남을 잃고
그늘이 내려앉은 날
머뭇대는 먹먹한 우기에
늘어진 오후는
가득 채운 습도에
마음의 경계가 무너진다
새벽 빗물은 흑백으로 하늘나리고
아침 안개속에서 연꽃은 피어나는데
결국 비는 하얗게 소멸하고
열대야로 성난 여름은
8월에 당도한다
염은미

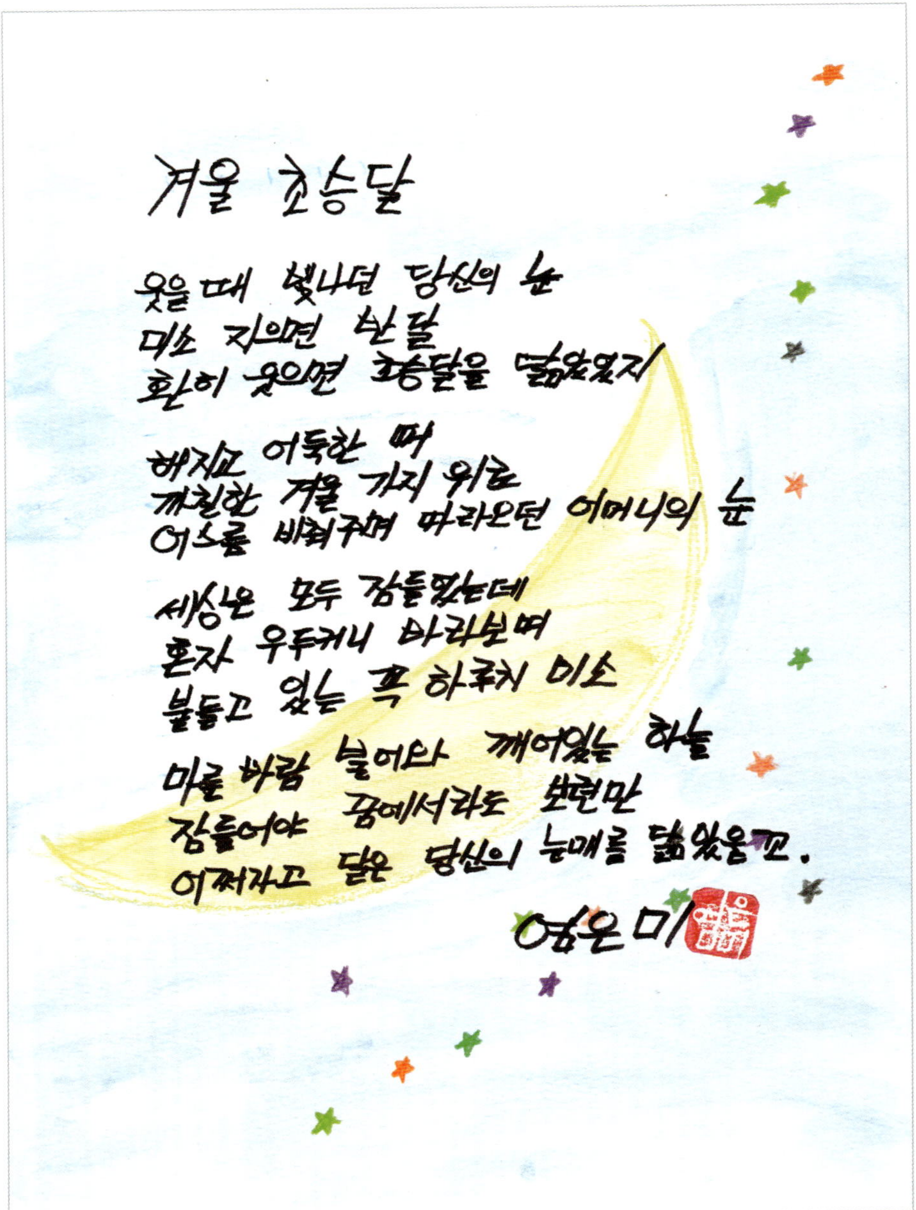
겨울 초승달
웃을 때 빛나던 당신의 눈
미소 지으면 반달
환히 웃으면 초승달을 닮았었지
해지고 어둑한 때
까칠한 겨울 가지 위로
어스름 비춰주며 따라오던 어머니의 눈
세상은 모두 잠들었는데
혼자 우두커니 바라보며
붙들고 있는 그 하루치 미소
마른 바람 불어와 깨어있는 하늘
잠들어야 꿈에서라도 보련만
어쩌자고 달은 당신의 눈매를 닮았을꼬.
염은미

오늘의 위안

아침이 오는 그 길에 몇 번의 새벽은 시작되고
몽돌처럼 다듬은 작은 소망이 담긴
부푼 여명을 준비한다
사월은 강으로 내려앉아
소스라치는 바람만 가득하고
가려진 시간이 차오르면
오늘을 마수걸이하려 즉각적으로 발걸음을 뗀다
얼마나 더 긴 호흡이 필요한 것인지
기적을 바랐다거나
일어날 일에 대하여 기대를 하다가도
호흡은 느슨해져 말랑말랑한 여유마저 맛본다
내 인생의 정원에는 무슨 꽃을 심어 피웠던가
국화꽃이 피면 비로소 가을이 온 것이라는데
가면 반드시 오는 계절 앞에 찰나만큼의 간절함으로
어떤 날은 반드시 올 거라는 우아한 변명을 늘어놓고는
넓은 마음으로 포용하려 애쓰지만
계절을 되새김질하며
넉넉하게 내어주는 자연의 품에서
치유와 위로를 받는다는 것이다.

염은미

시작노트

가슴을 풀어 놓습니다

돌 바람 구름

촘촘히 박힌 수많은 유성들

곡조를 붙여 노래하리라

이근복

경기도 양평 출생

『문학저널』 등단

한국바다문인협회 회원

공저『끈 이어지다』외 다수

가을 앓이

이근복

내려 앉은 고독 위에
낙엽 밟는 소리가 섧다
한 철기 꽃과 나뭇잎
여름을 군림하였다면
말없이 보낼수도 있었다

짧은 계절앞에 흔적을 지워가며
털어내는 아쉬움
몸뚱이 버날일 없다고
어쩌하여 버리기를
새털보다 가볍게 하는가
가을이면 매정하게 돌아서는
네가 야속하기만 하다

사랑

이근복

눈물이 쏟아진다
온 몸으로 뻗어간 줄기 줄기
뚝뚝 떨어지는 그리움 하나
머물렀던 손길 마디 마디
굽이치는 강이 흐른다

별이 잠든 사이
꿈은 마실 수록 목마른 숨결
바다 깊이로 침전한 덧없음도
가없이 차올라서
굳게 빛나는 이름이 새겨진다

무성한 억새풀 끝에서
잊혀질리 없는 그 눈빛으로
찬란한 아침은
눈물샘을 열고 그여이 오리니

출산

이근복

어스름한 어둠이 내려앉는
밤이 되면
바다는 날마다 해를 품는다

여명이 밝아오면
어김없이 출산하는 놀라운 능력

꿈

이근복

칼날 같은 시샘
태양을 밟고 우뚝 서
세상의 무엇으로 빛나
은하의 별로 뜨리
도사린 가슴은
꽃처럼 거기에 피어나리

시작노트

하늘과 땅 사이
먼저 내려온 안개
그리고 그 위에 구름들
누가 먼저고 누가
늦어도 누가 뭐라 하겠나
우리 이름은 안개
같이 가는 길
들꽃이라도 동행했으면 좋으리

導畇

이 상 호

『현대문학사조』 시 등단
한국문인협회 회원
한국바다문인협회 회원
현) 현대문학사조 회장
한국고미술협회 회원
동인지 및 공저 다수

365 - 導昀 이상호

헝클어져 떠다니는 조각들
목적지가 가지각색이다
고정된 사물이 속삭인다 너무 아팠다고

소수점 하나 별나라를 헤매다
맺어진 인연
시작과 끝 수평선 안과밖이 묘연하다

36.5도 온도를 유지하려 365일 바쁘게
바쁘게 행하는 삶 어디를 점찍어도
무엇을 스쳐봐도 어느 곳에 머물러도
언제나 축복의 씨앗은 핀다

알 듯 모를 듯 오가는 빛 송과체
적선은 여경이라 하지만
365라는 의미는 없다고
내일은 잡을수 없으니
오늘 비우고 내일도 비우리라

빙의 눈물 - 導昀 이상호

말롱했던 기억을 더듬다
깨어난 천만년
철옹성 빙산이 맥없이 무너지니
눈물이 뜨겁다

소달구지 하품에
정지된 하얀 구름은 어디가고
액체와 고체로 구성된 우주선에
핵을 장착하니
쓰러지는 산천초목

어제버린 절서가
뜨거운 용암을 깨우니
세상이 불바다

깨어날 데이지 꽃망울은
소식이 없고
넘치는 해수는
아래로 아래로 둘러봐도
갈곳이 없네

연료도 없이 - 導昀 이상호

해는 새벽부터
무엇이 궁금해
천지 삼매경
자기 몸에 불붙은지도 모르면서

달은 너무 조용해 모두들 잠들어
쓸쓸하고 외로워도
제살을 먹기도 채우기도 하면서
산을 넘고 강을 건너지

바람은 이리 저리로 뒤틀며 바쁘지
눈도 밝고 키도 좋은가 봐
꼭 누군가를 기다리는 것 같아
기어가다 뛰니까

세월은 누가 잡지도 않는데
웃다가 우는
여삼추 같은 시간들
모두들 연료도 없이
잘도 잘도 흘러간다

오월의 단상-導昀 이상호

파릇파릇 아기 피부인
뽀얀 나뭇잎
햇살과 바람에 반짝반짝
뒤집기를 시작했다

신호등도 없는 가지 사이로
미끄러지는 바람
아기는 막고 바람은 밀고

뿌리까지 전해오는
잎과 바람의 연애 소식
바람 잎 뿌리
그 누구도 싫은 기색이 없네

시작 노트

많은 변화의 소용돌이 속에서도
변하지 않는 문학인의 꿈
아름답게 펼쳐지는 동행 속에
발행되는 시인의 바다 제20집

운신할 계단의 폭을 넓히며
문학인의 길을 걸어온 지금
참된 삶의 테두리에서 얻어진
구슬처럼 빛나는 시어 모아
이 세상에 펼쳐 놓으니
많은 격려로 응원해 주길 바랍니다.

이 정 석

『문예사조』 시 부분 등단(2006년)
자랑스런 한국인 대상(2010년) 수상
문화예술 부문 대상 수상
청소년 신문 지도자 대상(2018년) 수상
문학 부문 대상 수상
청풍명월정격시조문학회 순발력 문학상 수상
물향기문학상 아름다운 시인상 수상
한국바다문인협회 회장 역임
공저 『끈, 이어지다』 외 다수

거울

청송 이정석

또 다른 내가 있다
내가 웃으면
덩달아 너도 웃고
내가 울면
어느새 너 또한 울어버리지

너는
거짓말 못하는 참된 바보들

내 너의 웃음을 위해
나 또한 웃으며 살으리

너는 나의 자화상
웃어서 행복한 너를 위하여.

꽃 당신

청송 이정석

제아무리 예쁜 꽃도
시간이 지나면
시들어 버리기 마련이고

아무리 아름다운 석양일지라도
어둠 속에 묻히면 그만이지

세월이 가고
어둠이 찾아와도
변하지 않는 우리의 사랑꽃

내 마음 깊은 곳에
늘 웃음으로 피어 있는 꽃
당신은 영원한 나의 꽃이어라.

물의 여행

청봉 이정석

어제의 달빛을 잃어버리고
마냥 흘러 가다
태양의 귀인을 만나
제 갈 길 찾아 가네

높은 둑을 넘어서
큰 나무도 한번 안아 보고
풀도 쓰다듬어 격려하며
먼 길을 떠나 가네

짧은 만남 속에
밭의 콩 옥수수 응원하다
논에서 벼를 만나
차 한 잔하며 쉬어 간다네

직선의 빠른 길보다
삶의 유연한 굽잇길 지혜 터득해
꿈속에 바다를 만나기 위해
먼 여행길 떠난다네~

연 필

청송 이정석

칼 앞에
목 내밀고
살아도 당당한 너

자신이 떳떳하면
겁날것 없는 세상

큰 소리
탕탕치면서
할말 쓰고 살련다.

시작노트

얼마만의 시간인가?
바쁘다는 핑계인지 모르지만 동인지에
합류한 시간치고는 멀리 온 듯싶었다.

20주년 기념으로 육필로 된 시집이 출간
된다고 하니 벅차오르는 이 설렘
오늘날 컴퓨터로 인해 쉽게 길들여진
기계의 정교함보다는 한 뼘 한 뼘 혼이 담긴
정성으로 묻어나는 필체의 그 맛을 통해
살아있는 영혼의 향기로 '아주 특별한 시집'이 나올 것을
기대감과 설렘으로 마주해 본다.

이 정 선

전북문인협회 회원

완주문인협회 회원

한국바다문인협회 회원

현) 문학의 숲 대표

문학의 숲 시선집 『시인의숲』

『시인의 마을』 『시인의밥상』

『시인의동행』 『시인의만찬』

『시인의언덕』 발간

초 심

이 정선

일찍 피어
승승장구한다고
무게 잡지 말며

더디게 핀다 하여
초조함보다
때를 기다리듯 준비하는 마음

한치 앞 모르는 세상
누가 먼저 피고
누가 나중 지는가

유, 불리 따지는 것 보단
중도로써 평행 감각 유지

화려함도 한순간이요
지는것도 한 끝 차이

순간의 위태로움 속
중심 잃지 않으며
곧은길로 나아가는 본 마음

어린 꽃잎

이 정선

태어난 것도 죄인가
아님
업보였나

무슨 원한이 맺혀
세상 빛 보는 것마저도
누가 되어
갈기갈기 짓이겨진 채
하늘로 긴 어린 꽃잎

우리가
지켜주지 못한 서글픔
통곡의 해원 굿
하늘 향해 솟아오른다

아름다운 선택

이 정선

물 흐르듯 살면 되지
많이 배웠고
많이 가졌다며
글 좀 쓴다고

생색내며 생채기와 함께
깁스하는 군상들

의식 있는 누군가
변방으로 나가
자신만의 세계를 구축한다

좌우 돌아보지 않고
가질 칠 것 가지 치며
때를 기다리는 마음으로
자연에 몸을 맡기며
서서히 서서히
탈바꿈하는 순간
세상은
그에게 더 이상
바보라 하지 않을 것이다

꽃잎

이정선

호기심 많은 꽃잎
예고된 유언 한 마디 없이
돌아오지 못할 소풍

갖힌 꽃잎들 살고파
울부짖으며
발 동동 굴러 보았지만
모습 뒤로한 체
살겠다고 떠나간 자
하늘이 용서했네

지켜주지 못한 죄스런 마음
함께하지 못한 마음
세상은 온통 잿빛
파도만 출렁이고
울돌목 회오리친다

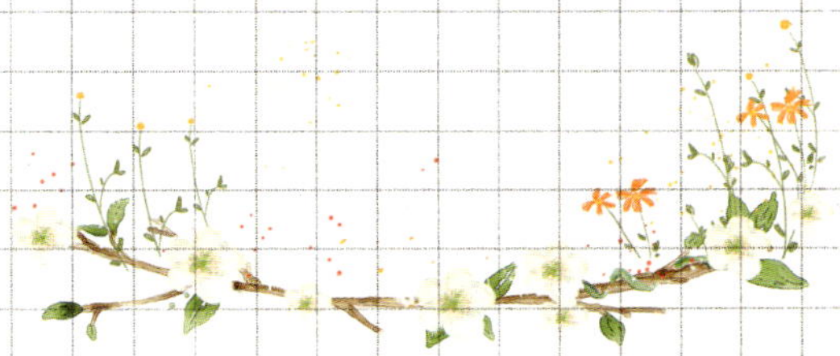

시작노트

구구절절

육필로 써내려갔다

사랑을

그리움을

희망을

시어는 애절하게도

몸으로 울어댄다

차마

눈 뜨고 볼 수가 없다

그 감동을…

허문규

한국문인협회 회원

한국바다문인협회 회원

시집『별의 유전자』

동인지『끈, 이어지다』외 다수

비 내린 날은 / 허운규

어둠 속에 불꽃과 함께
징소리가 우렁차다
모든 타악기가 모여들고
하늘은 배꼽이 땅에 닿도록
인사를 하여 연주회가 시작된다
잡념은 양철북 소리에
아스라이 떠밀려 가고
장독대를 두둘기는 중중모리 장단에
신명난 어깨는 들썩들썩
돌담 위를 말 달리는
자진모리 장단에 실개천은
현란한 몸짓으로 춤을 춘다
이어지는 휘모리 장단에
나무 이파리는 수 없이 자지러지며 혼절한다.
장마철엔 시도 때도 없이
오케스트라 연주회가 무뎌진 감성을 깨운다

개망초 / 허문규

아이들은 눈길이 닿는
길가에 옹기종기 모여있다
그리 예쁘지도 않고
자랑할 것도 없어
무대 중앙에 서는 것을
그래 부담스러워 한다
눈길을 사로잡을 만큼
매혹적이진 않지만
웃는 모습이 천진하기만 하다
쭉쭉 뻗은 허리와 꼭대기까지
뽑아 올려진 하얀 얼굴에서
그리움이 피어나고 풍금소리를 타고 온
별빛같은 아이들은
얼굴에 밥풀떼기가
묻은 줄도 모르고 뛰어논다
확 눈에 띄지는 않아
그냥 지나칠 수는 있어도 이 아이들은
가만히 바라보고 있으면
절로 배가 부른다

치악산의 여름밤

허은규

열대야가 시작되면
치악산 자락에서 별을 치는
시인에게 가고 싶다

별 밭을 일궈 별을 먹고 사는
시인을 만나 밤새워
별의별 얘기를 다 듣고 싶다
별빛으로 샤워를 하다
별빛 노래를 안들어
풀벌레에게 노래하게 하고
시인과 대작을 하며
새벽을 일으켜 세워보는 거야
술에 취하고 별빛에 취하고
시인의 하모니카에 취해 날이새면
곰삭아 깊은 맛 든
별빛으로 속풀이를 하고 싶다

사랑산의 연리지 소나무

허문규

진심이 통하고 나의 결핍을 채워준
꼭 사랑산이어야만 한다
첫눈에 반하지는 않았지만
무장무장 가까워진 사이
서로 알아가는 중에
이런 설렘은 처음이다
갑자기 콩깍지가 쓰인 게 아니고
그저 단 한번의 사랑이다
운명적 만남이라거나
하늘이 맺어준 인연이라거나
기적적이라거나 이따위 사랑 말고
그저 서로에게 퐁당 빠져
한몸이 되는 사랑 말이다

시인의 바다 제20집 — 육필시집

한국바다문인협회

인쇄 1판 1쇄 2022년 11월 11일
발행 1판 1쇄 2022년 11월 18일

지 은 이 : 한국바다문인협회
펴 낸 이 : 김천우
펴 낸 곳 : 도서출판 천우
등 록 : 1992. 2. 15. 제1-1307호
주 소 : 서울시 성동구 무학봉28길 6 금용빌딩 2F
전 화 : 02)2298-7661
팩 스 : 02)2298-7665
http://blog.naver.com/cw7661
E-mail : chunwo@hanmail.net

값 20,000원

ISBN 978-89-7954-881-5